Theo von Taane

Notizbuch

Weltbeste Lehrerin!

FSC
www.fsc.org
MIX
Papier aus verantwortungsvollen Quellen
Paper from responsible sources
FSC® C105338

Bibliografische Information der Deutschen Nationalbibliothek:
Die Deutsche Nationalbibliothek verzeichnet diese Publikation in der Deutschen Nationalbibliografie; detaillierte bibliografische Daten sind im Internet über http://dnb.dnb.de abrufbar.

Herstellung und Verlag: BoD – Books on Demand, Norderstedt

ISBN: 9783739240107

Weitere Motiv Notizbücher von Theo von Taane

Titel	ISBN
Minecraft Notizbuch	9783738628852
Minecraft Witzebuch	9783738612332
Weltbester Bauarbeiter	9783738610079
Weltbester Eishockeyspieler	9783738610086
Weltbester Gärtner	9783738610093
Weltbester Golfer	9783738610109
Weltbester Jäger	9783738610116
Weltbester Judokämpfer	9783738610123
Weltbester Karatekämpfer	9783738610130
Weltbester Kraftsportler	9783738610147
Weltbester Läufer	9783738610154
Weltbester Radfahrer	9783738610161
Weltbester Inline Skater	9783738610178
Weltbester Skifahrer	9783738610185
Weltbester Snowboarder	9783738610192
Weltbester Sportler	9783738610208
Weltbester Surfer	9783738610215
Weltbester Taucher	9783738610222
Weltbester Tennisspieler	9783738610239
Weltbester Volleyballer	9783738610246
Weltbester Wassersportler	9783738610253

...weitere Titel aktuell in Vorbereitung

Von Theo von Taane gibt es auch viele Witzebücher, Spiele, Kalender etc.
Einfach mal im Store nach ‚von Taane' suchen.

Viel Spaß!

Theo von Taane

3D Basketball 2 in 1
Taktikboard und Trainingsbuch

Das 2 in 1 Taktikboard und Trainingsbuch zur schnellen Erstellung von coaching Anweisungen/Spieltaktiken und -plänen, enthält nicht nur sportspezifische Vorlagen (Spielfeld und Raum für Notizen), sondern verfügt auch über eine wieder beschreibbare Fläche (Cover des Buchs), welche mit handelsüblichen whiteboard Stiften beschrieben werden kann und trocken abwischbar ist.

VORTEILE:

- Taktikbuch mit sportspezifischen Vordrucken (Spielfeld) zum schnellen und einfachen Skizzieren von Spieltaktiken/Übungen.
- Sind alle Seiten des Buches aufgebraucht, lässt sich das Cover (mit seinen Vordrucken) mit whiteboard Stiften unbegrenzt weiternutzen.
- Durch das handliche Format sowohl unterwegs als auch vor Ort zum Spiel oder Training nutzbar.
- Ideal zum spontanen Sammeln von Trainingsideen oder als Gedankenstütze.
- Ideal um dem Spieler durch schnelles Skizzieren der Übung den geplanten Trainingsablauf begreifbarer zu machen.
- Ideal zum Festhalten von geplante Spielzügen, um sie sich kurz vor dem Match oder währenddessen wieder ins Gedächtnis zu rufen.

Bibliografische Information der Deutschen Nationalbibliothek:
Die Deutsche Nationalbibliothek verzeichnet diese Publikation in der Deutschen Nationalbibliografie; detaillierte bibliografische Daten sind im Internet über http://dnb.dnb.de abrufbar.

Texte und Illustrationen: ***Theo von Taane***

Herstellung und Verlag: BoD – Books on Demand, Norderstedt

ISBN: 9783739230276